「今いる場所」で最高の成果が上げられる100の言葉

Takuya Senda
千田琢哉

青春出版社

"This is your last chance…
After this, there is no turning back.
If you don't turn over the page,
the story ends,
you wake up in your bed,
And believe whatever you want to believe.
If you turn over the page,…
You stay in wonderland,
And I show you
How deep the rabbit-hole goes."

正々堂々と、一流の歯車を目指せ。

私はスケルトンの機械式時計を眺めるのが好きだ。

すべての歯車が有機的に関わり合いながら動くのを見ると、
そこに宇宙を感じるからだ。

「サラリーマンになんてなりたくない！」
「組織の歯車になるのはごめんだ！」

人生のどこかで誰もが一度はそう思うものだ。

だが人はみな歯車としてこの世を生成発展させるために
奇跡的に、命を授かったのだ。

サラリーマンはもちろんのこと、
フリーランサーも大企業の社長も総理大臣も大統領も
地球規模で考えれば一片の歯車なのだ。

この世に存在する限り、
あなたも宇宙の歯車の一片であることに何ら変わりはない。

正々堂々と一流の歯車を目指すことが、
人生を生き抜くということなのだ。

「今いる場所」で最高の成果が上げられる100の言葉　目次

PART 1 「今、ここ」で押さえておくべき
組織で働くということ
――組織でこそ、成長に欠かせない人間観察眼が磨ける

PART 1 Keyword

PART 2 「今、ここ」で身につけておくべき

社会人としての振る舞いの基本

――人よく菜根を咬みえば、則ち百事なすべし（処世訓の最高傑作『菜根譚』）

PART 2 Keyword

PART 3 「今、ここ」で役立つ

仕事に「いい流れ」を作る対人術

――ここだけの話、すべての人は人間関係が苦手だ

PART 3 Keyword

PART 4 「今、ここ」で差がつく

努力の効果を最大化する超・仕事術

――仕事は抱え込むものではなく、実行するもの

PART 4 Keyword

PART 5 「今、ここ」で奮い立つ

逆境に負けない言葉
——どこまでも、成長していこう

本文デザイン・DTP／ハッシィ

PART 1

「今、ここ」で押さえておくべき

組織で働くということ

組織でこそ、成長に欠かせない人間観察眼が磨ける

新米のうちは、個人的なスキルアップやキャリアアップについて口にしない。

新米の分際で自分のスキルアップやキャリアアップを主張する人が増えてきて久しい。もう少しレベルが低い層になると、就活の際に志望動機を聞かれて自分のスキルアップやキャリアアップのためだとのたまう人もいる。

これは「あなたたちを私の人生の踏み台にしたい」と言っているようなものだ。**ハッキリ言って雇う側にとっては個人の都合はどうでもいい話で、組織としては一日も早く戦力を持って貢献してもらいたいだけなのだ。**

その上で結果として個人がスキルアップしたりキャリアアップしたりすればいい話であって、最初に個人のスキルアップやキャリアアップありきではないのだ。

新米のうちはつべこべ言わず、周囲の人々に「助かった」と思われるために全身全霊を尽くすことだ。

新米の最大の武器は、かわいげ。

基本的に新卒採用だろうと中途採用だろうと新米のうちは何もできない。
そもそも何がわからないのかさえもわからない。
新米というのはそういうものだから、それはそれで構わない。
だがだからと言って開き直って平然としていたり、生意気だったりしてはいけない。
率直に申し上げて新米は無能なのだから、無能なりに役割を果たすべきなのだ。

無能な人間にとっての役割とは、〝かわいげ〟のある存在になることである。
私はこれまでに1万人以上のビジネスパーソンと対話してきたが、
どんなに有能でもかわいげがない人は最終的に組織から干されていた。
もちろん誰も「アイツはかわいげがないから左遷した」などと正直に教えてはくれない。

かわいげがない人間は、完全犯罪の如く
まるで空気のように陰湿に干されていくのだ。

格上相手に持論を展開しない。

組織で出世するために絶対にやってはいけないのは、格上の相手を論破することだ。

ここ最近はディベート術なども出回っており、どんな相手でもロジカルに屈服させれば勝ちと思っている人が急増中だ。

もちろんこれは間違いである。

ディベート術というのはＴＰＯをわきまえておかないと、あなたの武器になるどころかあなたの墓穴を掘るだけだ。

ディベート術というのは格上が本心で許可した場合に限り、あなたと同等以下の相手に試してもいいのであって、自ら率先して格上相手に披露するものではないのだ。

誰も本音は教えてくれないが、組織では格上相手に持論を展開したらゲームオーバーだ。

持論を展開するのは、その場にいるメンバーであなたがNo.1である場合に限る。

上司に手柄を横取りされるのは、あなたが上司に手柄を譲らないからだ。

上司に手柄を横取りされて膨れている人は多い。
だがそれは自分の責任であることに早く気づくことだ。
あなたが上司に手柄を横取りされるのは、先にあなたが上司に手柄を譲らないからだ。

いつまでもあなたが上司に手柄を譲る気配を見せないから、上司は心配になって痺《しび》れを切らし、仕方なくあなたの手柄を横取りするのだ。

私がサラリーマン時代は自分の手柄はすべて上司に譲っていた。

それも上司に声をかけられる前に、上司の上司に「100%上司の○○さんのおかげです」と伝えておいて、稼ぎの配分をすべて上司に献上していた。

本音は早く会社を辞めたかったからだが、逆にこれが評価されて最短出世できた。

上司には「さすがにこれはもらい過ぎだ」と言わせることが、出世の極意なのだ。

現在の社長のプロフィールを分析する。

あなたが今いる場所で本気で出世したければ、現社長のプロフィールを丹念に分析しておくことだ。

社長には大きく分けて二通りいる。

高学歴で毛並のいいサラブレッド社長と、低学歴で毛並の悪い雑草社長だ。

前者はどのような価値観を持ちやすく、後者はどのような価値観を持ちやすいかをよく踏まえておくことだ。

組織のトップの価値観は必ずその取り巻きに浸透し、巡り巡って末端社員にまで伝わる。

つまりトップの価値観に反することは、組織の価値観に反するということなのだ。

トップの価値観に従うことが、組織で上手に正しく生きるということなのだ。

トップの価値観に従うということは、即ちトップの嫌がることをしないということだ。

現在の組織の重役たちのプロフィールを分析する。

あなたが今いる場所で本気で出世したければ、現重役のプロフィールを丹念に分析しておくことだ。

重役とは取締役以上のことで、通常一般社員たちと日々顔を合わせる機会は少ない。

日々顔を合わせる機会が少なくても、あなたの出世に無関係であるわけではない。

むしろ重役こそが人事の最終決定権を握っていることが多く、彼らの下には部下である管理職たちから日々せっせと膨大な現場情報が運ばれてくる。

重役ともなると一般社員と違い暇を持て余していることが多いから、「誰を出世させて誰を左遷してやろうか」を日々考えるのが日課になっているものだ。

つまり重役の本音の価値観を正確に把握しておくことが、出世に繋《つな》がるのは間違いない。

相手の本音を洞察したければ、その相手のプロフィールを虚心坦懐《きょしんたんかい》に分析することだ。

現在の組織の中間管理職たちのプロフィールを分析する。

あなたが今いる場所で本気で出世したければ、課長や部長など管理職のプロフィールを丹念に分析しておくことだ。

課長や部長になると一般社員でも日々顔を合わせる機会が多くなるが、だからと言って彼らを本当に理解していることにはならない。

人というのは普段は建前で生きていて、本音は滅多に見せないものだからである。

私はこれまで様々な組織で膨大な数の履歴書に目を通してきたが、第一印象は履歴書と正反対を演じる人が非常に多いことに気づかされた。

第一印象は経歴が一流の人ほど謙虚で腰が低く、三流の人ほど虚勢を張ってよく吠《ほ》えた。

概して人は第一印象では自分のコンプレックスを隠蔽しようと、嘘の自分を演じるのだ。

直属の上司のプロフィールはきちんと分析し、タブーを把握しておくことは必須である。

同僚たちのプロフィールを分析する。

あなたが今いる場所で本気で出世したければ、先輩や後輩、同期入社組といった同僚のプロフィールを丹念に分析しておくことだ。

プロフィールの〝ちょっと浮いた部分〟は、その人間の本質を表していることが多い。たとえば年齢や学歴がちょっと浮いている場合は、その部分に本人は優越感や劣等感を抱いているものだ。

綺麗事を抜きにすると、組織において同僚はすべてあなたのライバルである。

あなたがつい弱点をさらけ出そうものなら、彼らは狂喜して足を引っ張ってくるだろう。

だからこそ、彼らの特性を建前ではなく本音レベルで把握しておくことが大切なのだ。

劣等感という地雷には絶対に触れず、会話の端々で相手の優越感をくすぐろう。

そうやってライバルを手懐けておくのも、立派な処世術なのだ。

仕事ができるということは、出世するということだ。

営業成績でトップを収めたからと言って、本当に仕事ができる人とは限らない。

「功には禄を、能には職を」という江戸幕府の礎を築いた徳川家康の名言もあるように、いくらお金を稼いでも地位が高くなるとは限らない。

私は様々な組織で完全歩合制の営業マンたちと一緒に仕事をしてきたが、いくら彼らが稼ごうとも本社の幹部候補として採用された新入社員よりもポジションは下だった。私が新卒で入社した損害保険会社でも代理店でいくら億単位のお金を稼ごうが、彼らが本社の正社員として採用されて出世コースを歩むことは永遠に許されなかった。

仕事ができるか否かは年収にもある程度は比例するが、それ以上に役職が上がることのほうが圧倒的に重要なのだ。

綺麗事を抜きにすると、仕事ができるということは、一に役職、二に年収なのだ。

出世が止まった人は、一つ下の役職に適性があったということだ。

あなたが今属している組織を眺めてみるとこんな事実が浮き彫りになってくるだろう。出世がしばらく停滞している人たちは現在の役職に適性はなく、一つ下の役職に適性があったということだ（無論、これは「ピーターの法則*」に基づく）。

たとえば課長で長年停滞している人は、そもそも課長の仕事が向いていないのだ。

なぜなら彼は係長や主任として実績を残したからこそ現在の課長になれたわけであり、課長として実績を残していたらとっくに部長になっているはずだからである。同様に部長で長年停滞している人も部長に向いておらず、本来は課長に向いているのだ。こうして組織というのは無能な集団と化してどんどん退化していくわけだが、あなたはこれを他人事だと笑っている場合ではない。

適性のない仕事をさせられるのは寿命の無駄遣いだから、潔く去るか下がるに限る。

＊アメリカの教育学者ローレンス・J・ピーターによる組織構成員の労働に関する社会学の法則。

出世は決定権者の好き嫌いで100%決まる。

いきなりこんなことを言うと落胆するかもしれないが、あなたの出世はあなたの仕事の実績で決まるわけではない。

それどころか仮にあなたが社史に残るような圧倒的実績を叩き出したとしても、いずれ左遷される可能性もある。

現に私はコンサル時代に様々な組織でそんな光景を目の当たりにしてきた。

断言してもいいが、あらゆる組織において出世は決定権者の好き嫌いで100％決まる。

何を隠そう私がサラリーマン時代に最短出世した理由も、100％上司に依怙贔屓《えこひいき》されたからだ。

決定権者たちはありとあらゆる手段を使って、贔屓の部下に実績を上げさせるものだ。

換言すれば、決定権者に嫌われたら
もはや出世は絶望的である。

できない連中と一緒に飲食しない。

もしあなたが出世したければ、いかなる理由があっても死守すべきルールがある。
それはできない連中と一緒に飲食しないことだ。
できない連中と飲食するとほぼ確実に会社の愚痴大会が始まる。
そしてそれを見かけた上司はあなたに「落ちこぼれ」の烙印《らくいん》を押す。
一度「落ちこぼれ」の烙印を押されると、それが消えることは永遠にない。

否、それ以上に〝食べる〟という極めて本能的な行為を共にすることは、同じ空間にいる相手と同化することに繋《つな》がる。

つまりできない連中と一緒に飲食するということは、日々刻々とあなたの全身の細胞を四流化させていくという行為なのだ。

くだらない連中と群れるくらいなら、迷わず独りぼっちを選ぶべきだ。

派閥に属しながらも、中立を保っておく。

大企業の世界だけではなく従業員数人規模の零細企業の世界でも派閥は存在する。

人が集まればそこには考え方の違いが生じるから、派閥ができるのは自然の摂理なのだ。

ここで大切なことは、頑《かたく》なに派閥を拒むことではない。

今属している組織がAという派閥であれば、身を委ねてAという派閥に属していればいい。

ただ、その場合Bという派閥に対して敵意を剥《む》き出しにするわけではなく、飄々《ひょうひょう》として A の中で生きていればいい。

いざとなったらAの一員として逃げずにBと戦うべきだが、あくまでも芯の部分では中立を保っておくことだ。

率先して派閥の代表者になると、たいてい身を滅ぼすのは歴史が教えてくれている。

天才は、最初から天才。

コンサル時代に私は数多くのプロたちを目の当たりにしてきたが、どの業界や組織にも〝天才〟と呼ばれる人はいたものだ。

確かに彼らは業界内でも名を轟《とどろ》かせていたし、長期間にわたり淡々と成果を上げていた。

もちろん私は彼らにインタビューをして、彼らの行動特性や思考回路を必死に調べた。

その結果明らかになったのは、彼らは最初から天才だったということだ。

拍子抜けするかもしれないが、これがありのままの事実なのだ。

最初から抜群の吸収力で初歩と基礎を習得してしまい、周囲のライバルたちを圧倒して次々とステージアップし続けていたものだ。

最初から天才になる方法は二つある。

圧倒的な自分の得意分野で勝負するか、周囲のレベルが低い分野で勝負するかである。

天才に嫉妬するのではなく、天才から学ぶ。

天才を見ると人は二通りに分かれる。

嫉妬するか、真摯に学ぶかである。

天才を見て嫉妬する気持ちは痛いほどよくわかるが、それは一番損な生き方だ。

なぜなら凡人がいくら天才に嫉妬したところで凡人であることに変わりはなく、天才と仲良くなれないから死ぬまで凡人で終わってしまうからだ。

それよりは正々堂々と天才を敬い、天才から学んだほうが人生は断然楽しくなる。
まず、天才には身近にライバルなんていないから、惜しみなくコツを教えてくれる。
天才は凡人が100年考え続けてもわからないコツを、即興で披露してくれるだろう。
次に、天才は傍《そば》にいる人たちを、恩着せがましくなく豊かにしてくれる。

〝ドラッカー〟の名前で
食べていける人を増やしたのは、
ドラッカーが天才だった所以《ゆえん》だ。

自分と似たタイプで出世している人の真似をする。

「学ぶ」の語源は〝真似ぶ〟というくらい、人は真似をすることによって進化する。

ところが真似をする際に注意しておかなければならないことがある。

それはどうせ真似をするのであれば、自分と似たタイプで成功している人の真似をせよということだ。

憧れの人や理想とする人の真似をするのは確かに楽しい。
だが彼らがあなたとタイプが違う場合は思うような成果は出ないだろう。
自分と似た経歴の成功者、自分と似た容姿の成功者、自分と似た性格の成功者……と
いうように、「この成功者なら自分も真似できそうだ」とあなたが直感する人がおス
スメだ。

私が出逢ってきた成功者たちに
共通して見られたことは、
自分が真似できそうな成功のモデルを
見つけるのが卓越していたという点だった。

もしあなたが天才なら、出世には無頓着な天然を装っておけ。

本書の読者の中にはきっと天才もいるだろう。

もしあなたが自分は天才だと薄々気づいているのであれば、本気のアドバイスをしたい。

出世にはとことん無頓着な天然を装っておくことだ。

さもなくばきっと凡人たちの嫉妬パワーによりあなたは確実に干されてしまうからだ。

わざと鈍いふりをする、わざと漢字の読みを間違える、わざと流行に疎いふりをする……といった演技はとても有効だ。

凡人は目をキラキラと輝かせながら、頼んでもいないのに早速レクチャーをしてくれるだろう。

その際には凡人のショボいレクチャーをちゃんと最後まで傾聴してあげることだ。

〝癒しタイム〟として楽しんでしまえばいい。

ノンキャリ組がキャリア組にマウンティングするのは、世の常である。

公務員の世界だけではなく、あらゆる組織にはキャリア組とノンキャリア組が存在する。

スタイン・ベックの『怒りの葡萄《ぶどう》』は、一貫して〝持てる者〟と〝持たざる者〟について淡々と描かれているが、人間社会において両者の溝が埋まることは永遠にないのだ。

ノンキャリ組にいる限りは生涯気づけないが、キャリア組にいればすぐに気づくことがある。

ノンキャリ組は24時間３６５日、常にキャリア組に対してマウンティングし続けているという事実だ。

ノンキャリ組はキャリア組に対してマウンティングするだけではなく、お客様に対してまでマウンティングをする始末だ。

以上は善悪の問題ではなく、我々人類における自然の摂理だと正面から受容することだ。

もし退職するなら、最後に今いる場所で人間の特性を帰納しておく。

あなたがせっかく会社勤めをしているのなら、退職する際には必ずやっておいたほうがいいことがある。

それは今いる場所で人間というものの特性をきちんと観察しておくことだ。

これまでに私は二度辞表を出した経験を持つが、いずれも今いる場所を去ると決断した途端にいい場所に思えてきたものだ。

これまで感謝が足りなかったことを反省させられるし、名残惜しい気持ちで一杯になる。

同時に人間というものの本質がよくわかるのだ。

大嫌いだった人が意外にいい人だったと思えることもあるし、大好きだった人が意外に冷たい人だったと気づくこともある。

それらのイメージを脳裏に焼き付けて帰納してルール化すれば、生涯の武器になる。

PART 1　Keyword

好悪の情は、理性を凌駕《りょうが》する。

PART 2

「今、ここ」で身につけておくべき

社会人としての振る舞いの基本

人よく菜根を咬みえば、則ち百事なすべし*
（処世訓の最高傑作『菜根譚』）

*「堅い菜根をかみしめるように、人生に起こる様々な出来事にじっくり取り組めば、人は多くのことを成し遂げることができる。」中国明代末期の思想書。儒教・仏教・道教の教えから成り、人づきあいの極意、逆境を乗り越える知恵などを説く。多くのビジネスリーダーの座右の書。

上司の陰口を言わないだけで、あなたは出世コースに乗れる。

エリート組織に限らず、あらゆる組織の出世は、本質的に減点方式で決まる。建前では加点方式を謳《うた》っている組織でも、出た結果だけを冷静に観察していると実態は減点方式であることが多い。

少なくとも減点方式の要素がゼロという組織は、これまで私の見てきた限りでは一つも存在しなかった。

減点方式にも様々あるが、究極は上司の陰口を言わないことに集約される。

上司に限らず他人の陰口は言わないに越したことはない。

この一見すると能力とは関係ない習慣が、10年、20年、30年……と蓄積され続けると途轍《とてつ》もない力を発揮するものだ。

それくらい人は陰口が好きな生き物であり、過半数のライバルはこれが原因で干される。

補欠の先輩ほど、きちんと敬語を使っておく。

20代で血気盛んな頃は、「どうしてこんなに優秀な俺様が補欠の先輩如きに敬語を使う必要があるのか！」と、疑問に思う人も多いだろう。

否、ここ最近は精神年齢がかなり下がってきたと聞くから、ひょっとしたら30代でもそう感じる人たちが多いかもしれない。

だが組織で生きていく限り補欠の先輩に敬語を使わないのは、とても損な生き方である。

なぜなら補欠の先輩から復讐《ふくしゅう》されるからではなく、補欠の先輩に対して敬語を使えないあなたを見ている周囲の人々から復讐されるからだ。

いい悪いは別として、日本には根強い儒教の教えが脈々と受け継がれている。

それも年上の相手を敬わない人間は生理的に受け付けないレベルにまで、である。

あなたも大河の一滴である限り、大河の流れに背くのは賢明な生き方とは言えないのだ。

相槌には、“YES”と“NO”の二通り存在する。

目上の相手とコミュニケーションを取る際に、相槌《あいづち》の上手い人と下手な人がいる。
この違いは場数の問題ではなく、国語力の問題だ。
人の会話には必ず聞き手に共感して欲しいという願望がある。
そして会話の中には必ず自分の意見を正当化するために、「権威ある人や自分が好きな人のたとえ話」と「自分が見下している人や嫌いな人のたとえ話」を織り交ぜるものだ。

もちろん前者は〝YES〟と深く共感し、後者は〝NO〟と一緒になって批判する相槌を打ち、相手を乗せなければならない。

あなたは「そんなの当り前じゃないか」と思うかもしれないが、私が観察している限り10人中8人はこれができていない。

〝YES〟と〝NO〟の相槌を完璧に使い分けることができない限り、あなたに出世はない。

目上の人の「今、大丈夫？」とは、あなたに許可を求めているのではない。

上司から「今、大丈夫？」と声をかけられた際に、「もう少し待ってもらっていいですか？」とやらかす人が増殖中だ。

正直と言えば聞こえはいいが、これではコミュニケーションになっていない。

目上の人の「今、大丈夫？」とは、あなたに許可を求めているわけではないからだ。目上の人の「今、大丈夫？」の真意は、今すぐあなたに伝えたいことがあるということなのだ。

本当はほとんどの人が頭ではこんなことくらい理解しているはずだ。**だが頭で理解していることと、行動に移せることとではまるで違う。**そしてたとえ行動に移せても、習慣として刷り込まれていなければ何ら意味がない。

目上の人から「今、大丈夫？」と言われたら、〝YES〟以外に返事の選択肢はないのだ。

名刺交換の1次予選は、組織のブランド力。

私はサラリーマン時代に名刺交換の光景を観察するのが大好きだった。

仕事に関係のないパーティーでも名刺交換をした途端、そこには必ず上下関係が生じる。

こうした現象を批判する人は多いが、私はこれを見て自然の摂理に則っていると思う。

綺麗事を抜きにすれば、職業にも人にも明確な序列がある。

あえてそうした真実を口にする人は少ないし、口にすればたいてい顰蹙《ひんしゅく》を買うものだが、それは職業にも人にも序列があることを誰もが知っている証拠なのだ。
名刺交換の際に興味深いのは、属する組織のブランド力が負けている側のほうが概して横柄な態度になりがちだということだ。

名刺交換の1次予選は組織のブランド力だから、もし負けたら潔く相手を立てること。

世の中の実態としては、多くの仕事が組織のブランド力で進められているのだから。

名刺交換の2次予選は、役職。

さて名刺交換の1次予選は組織のブランド力であることはすでに述べた通りだ。

では名刺交換の2次予選は何か。

それは今いる組織のあなたのポジションである。

業界内の序列や大手と中堅、中小などで組織のブランド力がすぐにわかる時はいいが、

現実には異業種でハッキリしなかったり、どんぐりの背比べであったりすることが多い。

そこで勝負は本部長・部長・課長・係長・平社員などの役職になるというわけだ。厳しいことを言うようだが、いくら社長でも中小企業であればそんなに偉くない。芸術家や小説家、お笑い芸人や歌手など組織で勝負しているわけではない天才を除いて、組織で勝負するビジネスパーソンである以上、まずは組織のブランド力が最重要だ。**極論すると、超一流企業の新入社員は零細企業の社長よりも社会的地位は上なのだ。**

誰もこんなタブーは教えてくれないが、
だからこそ知っておくと強い処世術になる。

名刺交換の最終選考は、好き嫌い。

いよいよ名刺交換の最終選考について触れたい。
1次予選が組織のブランド力で、2次予選が役職であることはすでに述べた通りだが、最終選考は好き嫌いという感情になる。

どんなにブランド企業で高い役職に就いていても相手に嫌われたらすべてがご破算になるし、イマイチ企業で低い役職でも好かれたら逆転満塁ホームランを放てる。

現実のビジネスではこの逆転劇がたまに起こる。

取引先を業界1位から業界2位に乗り換えることなど日常茶飯事だし、大手から中堅、それどころか大手から零細企業に乗り換えられることだってあるのだ。

零細企業から大手企業へと発展していくのは、取引先から好かれ続けた結果である。


人間が決断する以上、最終決定打は論理ではなく感情に基づくことが圧倒的に多いのだ。

未熟者のうちは、周囲が嫌がる仕事に喜々として立候補しておく。

私がサラリーマン時代にもやりたくないことを「やりたくない」とハッキリ口に出して言う新入社員は増えつつあったが、今はもっと増えていると聞く。

セクハラやパワハラといった「〇〇ハラスメント」という言葉がそれらを助長してい

るのだと思うが、私は採用者に根本的な責任があると思う。顔つきや面接の受け答え、待合室の様子などからも性格は結構見抜けるし、試用期間を設けて働いてもらえば一発で謙虚さを見抜けるだろう。

未熟者のうちはどんな雑用でもやってもらわないと、ただでさえ赤字社員なのに会社としては割に合わないのだ。

もしあなたが未熟者なら、人の嫌がる仕事こそ率先してやっておくことだ。

周囲が嫌がる仕事こそ喜々として立候補し続け、上司や先輩に喜んでもらうのが仕事だ。

雑用から卒業したければ、逃げるのではなく極める。

未熟者のうちに人の嫌がる雑用などを率先してやっておくと、確実にいいことがある。それは雑用を取り上げられてレギュラーメンバーの仲間入りを果たせるということだ。

私は大学時代に読んだ本でそのことを完璧に予習していたから、未熟者のうちは周囲に後退《あとずさ》りされるほどに猛烈なオーラを発しながら雑用を極め続けた。

かなり謙虚に振り返ってみても、ごく平均的な同期たちの3倍速、チンタラやってい

る連中の10倍のスピードで誰よりも美しく仕上げていた。

もちろん半年も待たずして雑用を取り上げられ、「おい、次のプロジェクトに参加してくれないか?」とあちこちから声がかかったものだ。

雑用をチンタラやっていた連中は
「まだこんなこともできないのか!」
と怒られながら、
いつまでも平社員のままだった。

信用とは、小さな口約束を死守し続けることで築かれる。

信用されたければ、今この瞬間から言行一致させ続けることだ。

信用というのは何らかの担保があって成立するものだから、愚直に言行一致させながら実績を積み重ねていく以外に道はない。

大きな約束や紙の契約は誰でも守ろうと努力するが、小さな口約束を守ろうとする人はとても少ない。
たとえば多くの人たちは社交辞令で「近メシ」を口にしても実現されることはないが、あなたは目の前で手帳を開いてその場でスケジュールを入れて実現させよう。

たったこれだけで
あなたは確実に信用される人間になる。

信頼は、顔で決まる。

信頼とは信用の上のステージだ。

信用が実績という担保が必要だったのに対して、信頼は担保が不要になる。

信用が様々な調査結果に基づいて承諾をもらうとすれば、信頼は「あなたなら大丈夫」とその場で即承諾してもらうイメージだ。

担保が不要だから信頼はお手軽で便利だと思ったら大間違いだ。

担保が不要だからこそ信頼は重いのであり、失ったら二度と取り返しがつかないのだ。

信頼を獲得するためには、信頼される顔になることだ。
これは決して冗談で言っているのではなく、顔を見ればその人の履歴がわかるのだ。
医者は医者の顔をしているし、チンピラはチンピラの顔をしているものだ。

人相学というのは、すでに科学的にも証明されている立派な学問なのだ。

有言実行するためには、口数を少なくすること。

私はこれまでに有言実行する成功者に数多く出逢ってきた。

日本では不言実行が重んじられる傾向にあるが、現実には不言実行は責任がない分だけ有言実行よりも価値は低い。

有言実行は口に出してしまったため、そこにハッキリと責任が生じてしまう。

私は有言実行する成功者たちの傍《そば》でじっくり観察させてもらったところ、こんな事実が浮き彫りになってきた。

有言実行する成功者たちはとにかく口数が少なかった。

他の誰でもなく、自分自身が確実に実現できると確信したことのみを「やる」「できる」と口にしていたのだ。

たったこれだけのことを継続するのは難しいが、継続できればカリスマになれる。

言い訳は、相手から求められた場合に限り一度だけ。

言い訳をしてはいけないと考えている人は多い。

まあ概してそれは正しいと私も思うのだが、だからと言って何が何でも言い訳をしてはいけないわけではない。

なぜなら頑《かたく》なに言い訳を一切しなければ、誤解されたまま人生が終わってしまうからだ。

もちろん些細《ささい》なことを含めれば、誤解されたままで人生を終えることのほうが圧倒的に多いものだ。
だからこそ些細ではないことで相手から求められた場合に限り、一度だけ言い訳をしておくことだ。

私も相手から求められた場合は言い訳をするようにしてきたが、長い目で見ると結果は吉と出ている。

許してもらえる前提で謝らない。

毎年のように偉い人や著名人が頭を下げて謝罪している姿をマスコミで見かける。

人は出世すればするほどに謝罪する機会が増えるものだ。

社長の仕事は謝罪することだと言ってもいいくらいだ。

あなたが謝罪する機会が少ないのは、あなたが偉くないからなのだ。

だがこうして本を読んで熱心に勉強しているあなたは、これから出世する可能性が高い。

その時のためにぜひ今から謝罪の予習をしておく必要がある。

大切なことは、許してもらえる前提で謝らないことだ。

どれだけ平謝りしても許してもらえないという前提で謝罪しなければ、相手にあなたの反省の念が伝わらないのだ。


どれだけ謝っても足りないという覚悟が伝わって、初めて相手の心に響くのだ。

反省とは、不服の申し立てをしないこと。

よく犯罪者が判決に対して不服の申し立てをしていることがある。

不服の申し立てとは、「控訴」や「上告」といった「上訴」のことだ。

もちろん冤罪《えんざい》などあってはならないからこうした制度は絶対に必要なのだが、それでも放火や殺人は認めておきながら「殺意はなかった」と悪あがきする犯人を見るたびに、この人たちは反省などしていないのだろうなと確信する。

飲酒運転で人を殺した場合に至っては、殺意の有無など無意味ではないか。

大学時代に犯罪心理学の教授が「殺人犯の多くは反省などしない。それどころか自分が殺した被害者のせいで俺は刑務所生活を強いられていると、ずっと被害者を憎んでいるくらいだ」と言っていた。


反省とは、醜く悪あがきして不服の申し立てをしないことなのだ。

感謝の心より、感謝を示すことのほうが大切。

感謝の心が大切だというのは誰でも知っている。
だがいくら知っていても、相手に伝わらなければ意味がない。
相手に感謝が伝わらなければ、あなたは感謝したことにはならないのだ。
感謝は「ありがとう」と口に出して、初めて相手に伝えたことになるのだ。

だから「俺は心ではちゃんと感謝している」とふんぞり返っている人は、実は恩知らずなのだ。

否、ひょっとしたら本当にその人は感謝しているのかもしれないが、実際に何かの形で感謝を示さない限り感謝したことにはならないのだ。

いくら心では感謝していてもそれを行動に移さない人は、本当は感謝していなくても「ありがとう」と口に出した人に完敗なのだ。

何でも「ありがとう」だけで済ませていると、いずれ孤立無援になる。

実は「ありがとう」と言う習慣は、それほど難しくはない。

少なくとも「ごめんなさい」と言う難易度に比べれば、「ありがとう」と言う難易度はかなり低い。

その証拠に幼児に「ありがとう」と言わせるのは比較的容易だが、「ごめんなさい」

と言わせようとすると泣いてしまうこともある。

ちなみに大人は幼児よりも「ごめんなさい」と言うのが苦手だ。

さて「ありがとう」と口にするのは難易度が低いという話だが、それに便乗して何でもかんでも「ありがとう」で済ませていると、いずれ孤立無援になる。

なぜなら「ありがとう」と口にするのは所詮無料だからである。

「ありがとう」と言うだけの人よりも、黙ってお金を払う人のほうが感謝している。

目上の人に何かしてもらったら、メールより直筆お礼状がいい。

目上の人にご馳走《ちそう》してもらってメールでお礼を伝える人は多い。

メールでもお礼を伝えないよりは伝えたほうがマシかもしれないが、偉い人によってはそれを機に絶縁されることもある。

メールというお手軽で無料のツールではなく、直筆でお礼状を書くのが礼儀だと考える人が偉い人の中には意外に多い。

これを聞いて「そんな面倒臭い人とは付き合わなければいい」と思う人は成功できない。

躾《しつけ》・マナーのない下流の成功者にはなれても、しかるべき上流の成功者にはなれない。

上流の成功者になるためには、最低限の礼儀が求められるのだ。

礼儀とは、〝わざわざそんなことをしてまで〟感謝を示すことだ。

これまで私が数多くの成功者たちから支えられてきたのは、直筆お礼状のおかげだった。

目上の人から
お断りメールが届いたら、
それに対して
お礼メールを返しておく。

私のパソコンには連日様々な組織や人から「会ってください」というメールが届く。

もちろんそれらすべてを引き受けていては、千田琢哉のコピー人間が何人もいなければならないし、そもそも私にはそんな気力も時間もない。

だからお断りメールのフォーマットがあって、それを片っ端からバンバン送っている。

それらの経験を通じて興味深い法則が浮き彫りになってきた。

一流の企業や人ほど私のお断りメールに対してきちんとお礼のメールが届くが、三流の企業や人ほどお断りメールに対して何もない。

だから私はお断りメールに対して何もレスポンスがなかった三流の企業や人のメールアドレスを、すべて受信拒否設定にして二度と関わらなくてもいいようにしている。


お断りメールに対してシンプルなお礼を返しておけば、絶縁されることだけはないのだ。

これからの時代、自分を知ることがますます武器になる。

今世紀になってから分《ぶ》をわきまえない人が激増した。

ゆとり教育による弊害《へいがい》なのか、インターネットで誰もが主役を気取れるようになったためなのか、理由は一つではなく様々な要因が複雑かつ有機的に絡み合った結果だろう。

一流職人気取りのラーメン屋というのは昔からいたが、今ではネット限定の自称プロがあちこちで跋扈《ばっこ》している。

だからこそ、これからの時代は分を知ることがますます大切になってくるのだ。

周囲が自称プロ気取りで短期的な下流の成功者として消えていく中で、あなたは優雅な上流の成功者として長期的に稼ぎ続けるためには、つべこべ言わず分を知ることだ。

なぜならいかなる夢を実現するためにも、今という現実からしか出発できないからだ。

分を知るということは、何かを成し遂げるためには強烈な武器になるのだ。

PART 2　Keyword

才能を活かすのは、人格次第。

PART 3

「今、ここ」で役立つ

仕事に「いい流れ」を作る対人術

ここだけの話、すべての人は人間関係が苦手だ

上司が一番好きなのは、叱りやすい部下。

あなたが上司に一番好かれていたら、こんな現象が起こる。

それはよく叱られるということだ。

よく叱られるということは、愛されている証拠なのだ。

「おい、アイツはどこに行った?」「まったく仕方のないヤツだな」といったセリフは、すべて愛情の裏返しの表現なのだ。

あなたも上司から好かれたければ、上司が叱りやすい存在を目指すことだ。

日常で上司を観察しながら特性を掴《つか》み、どうすれば叱られやすくなるのかを考えるのだ。

上司によって特性は十人十色だが、こういう部下は誰もが叱りにくいというのならある。

すぐにふて腐れる、何を考えているのかわからない、根に持つタイプは叱りにくい。


もちろん上司を論破するような部下は、どこに行っても１００％干されるだろう。

上司が一番嫌いなのは、気を遣わせる部下。

上司に好かれるよりも、上司に嫌われないほうが遥《はる》かに大切なことだ。

なぜなら今あなたがどれだけ上司に好かれていても、何かの拍子に嫌われてしまったらこれまで好かれてきたすべてがご破算になってしまうからだ。

否、現実にはこれまで好かれていた分、余計に嫌われて致命的なマイナスになる。

嫌われないということは好かれることよりもずっと大切なことだし、難易度も高いのだ。

さてこの辺りで上司が一番嫌いな部下の第1位を発表しよう。
それは気を遣わせる部下である。
気を遣わせる部下とは、叱りにくい雰囲気を醸し出している部下のことだ。
叱りにくい部下は「自分は得をしている」と勘違いするべきではない。

叱りにくい部下は上司から嫌われている
だけでなく、周囲からも憎まれているものだ。

お酒が弱いなら、「下戸」と公言しておく。

ここ最近はお酒に弱い人にとっても随分と生きやすい世の中になってきた。

今から20年前はどんなにお酒が弱くても、宴会の席で上司や先輩から注がれたお酒を断ることなど到底できない風潮だった。

ところが最近は嫌がっている相手に無理やりお酒を飲ませることは、禁止行為になっている。

だからと言って上司や先輩にお酒を注がれるたびに、「飲めません」と断り続けるのも精神的にしんどいだろう。

そこでお酒が弱い人におススメなのは、最初から周囲に「下戸《げこ》」と公言しておくことだ。**これで宴会では堂々とウーロン茶を注文できるし、お酒の恐怖に怯《おび》える必要もない。**

「飲めるけど弱い」「少しだけ飲める」といった、中途半端な態度が一番いけないのだ。

爽やかに1次会で帰る術を習得しておく。

あなたが宴会大好き人間なら何も問題はないが、本当は嫌いなのに宴会に参加している人は結構多い。

何を隠そう私自身がその典型だった。

もともとお酒が飲めないばかりか、結局は会社の愚痴大会と化すサラリーマンの儀式を私は人生最大の寿命の無駄遣いだと思っていた。

そこで私は2次会に行かなくてもいい方法を考えた。

2次会に行かなくてもいい方法は、1次会で行方不明になることだ。

支払いが始まったらお釣りは要らないからと会計係に多めに渡して、そのままトイレに行くふりをして帰っていた。

どうしても帰りにくい場合には、ダミーの鞄《かばん》を席に残したまま帰ったものだ。

人間関係を長続きさせたければ、〝短時間ずつ高頻度〟連絡を取る。

今も昔も人間関係についての悩みは絶えない。

特にビジネスでは「どうしたら人間関係を長続きさせることができるか」を悩んでいる人は本当に多いようだ。

人間関係を長続きさせるコツは簡単だ。

〝短時間ずつ高頻度〟で連絡を取り続ければいいのだ。

ビジネスでも恋愛でも同じだが、関係が短期間で途切れやすい人は〝長時間ずつ低頻度〟で連絡を取り続ける。

「君子の交わりは淡きこと水の如し 小人の交わりは甘きこと甘酒の如し」とは、昔の賢者はよく言ったものである。

久々の100行メールより、日々の3行メールのほうが関係は長続きするのだ。

アドバイスをされたら、その相手の実績と照合して傾聴する。

あなたの周囲を見渡してみればわかるように、組織というのはまるでゴルフ場のように教えたがり屋で溢《あふ》れ返っているはずだ。

それも一流のプロではなく、四流のアマチュアのほうが教えるのが大好きだ。

会社にいると必ず教えたがり屋の上司や先輩に遭遇するものだが、組織で生きる以上

「うるさい、この補欠野郎！」と邪険にするわけにもいかない。
そこでおススメなのは、その相手の実績と照合して傾聴しておくことだ。
もしその相手にしかるべき実績があれば、そのまま鵜呑《うの》みにしてみる価値はある。
だがもしその相手が何ら実績のない場合は、すべてその反対を試せばいいのだ。
相手の反対のことを試すためには、熱心に相手の話を聞く必要がある。

その熱心さは相手の気分を害さないし、おまけに反対を試して役立つこともあるのだ。

奮発して大きなプレゼントをすると、まもなく関係が途切れる。

特に男性には耳寄り情報だと思うが、女性と関係を長続きさせたければ奮発して大きなプレゼントをしないことだ。

否、正確にはあなたに経済力があって大きなプレゼントをし続けられるのであれば何も問題はない。

女性にとって大切なのはプレゼントの大きさではなく、プレゼントの頻度だからである。予算が10万円だとすれば、1回限りで10万円のプレゼントをするよりも1万円ずつ10回に分けてプレゼントしたほうが関係は長続きするのだ。

究極は会うたびに何か小さなサプライズを提供してくれる人が女性は好きなのだ。

もちろんこれは女性に限らず、社内外のあらゆる人間関係にも応用できる。

換言すれば、継続できないプレゼントなら最初からしないほうがマシなくらいだ。

人間性は、仕事を通して磨くものだ。

「いくら仕事ができても人間性が低かったら意味がない」

そう言って悦に入る人がいる。

もちろんこれは負け犬の遠吠え以外の何ものでもない。

仕事ができなくて人間性だけが高いのは、本当は人間性が高いのではなく卑怯者なのだ。

人間性が高く見えるのは、単に仕事ができないから卑屈に振る舞わざるを得ないからだ。

人間性が高いということは、仕事ができた上で評価される話なのだ。

なぜなら人間性は仕事から逃げて磨くものではなく、仕事を通して磨くべきものだからである。

人生の一部として仕事があるのではなく、仕事の中に人生を見出すのだ。

そのために職業選択の自由をふんだんに活用すればいい。

無能を人間性でカバーするのは、卑屈。

すでに述べたように、仕事ができないままで人間性は高いというのは許されない。

少なくとも仕事ができるように日々励む姿勢こそが、人間性を磨くということだからである。

仕事ができないのに人間性が高く見えるというのは実はただの卑屈であり、人間性とは何ら関係はないのだ。

もちろん未熟者のうちは卑屈に媚《こ》びて愛想笑いをしなければならない。
それが弱者の使命であり、自然の摂理に則っている行為なのだから。

大切なことは卑屈であることから目を背けて、「自分は仕事ができないけど謙虚である」と自惚《うぬぼ》れないことだ。

未熟者のうちは正々堂々と卑屈に徹して、仕事を通して人間性を磨けばいいのだ。

有能で人間性を兼ね備えると、一流。

一流になるためには人間性が高いだけではダメだ。
有能であるだけでも一流にはなれない。
有能で人間性を兼ね備えて初めて一流と言えるのだ。
そして一流への道としては順番があり、最初は誰でも卑屈から始まる。
卑屈に愛想笑いをして頭をペコペコ下げながら、上司や先輩に教えを乞うのだ。

次に、日々粛々と実力をつけて仕事ができるようになる。
最後に仕事を砥石《といし》として自分を磨きながら徐々に人間性を高めていく。
仕事ができるけど人間性が低いのは当たり前の話で、まだ修行の身だからそれでいい。
つべこべ言わずにひたすら仕事に没頭すればいいのだ。

最終的には仕事で長期的に成功するためには、人間性が不可欠だと気づかされるからだ。

むやみに人に会いたがらない。

「どうすれば質の高い人脈を築けますか？」

こんな質問がよく届く。

知り合いを増やしたいわけではなく仕事に繋《つな》がる質の高い人脈を築きたいのであれば、

ズバリ！　むやみに人に会いたがらないことだ。

なぜむやみに人に会わないことが大切かと言えば、人と会うとやたらに時間を奪われるからだ。

そしてお手軽にあなたと会える相手は、たいていあなたと同レベルの人間のはずだ。

つまり同レベル同士で群れてメェメェ喚《わめ》いていても永遠に成長できないのだ。

それなら孤独に自分と向き合って勉強しておくことで、自分の価値を高めたほうがいい。

あなたの価値が高まれば、
必ず価値の高い出逢いに恵まれるからだ。

安易に紹介を頼まない。

「出版社を紹介してください！」

こんな依頼をよくされるようになった。

私はこれまでに出版社を紹介したことは一度もないが、それには明確な理由がある。

力のない人間に出版社を紹介したところで、相手の編集者に迷惑がかかるだけだからだ。

万一出版社が私に気を遣って出版してくれるようなことがあったとしても赤字になるのは必至で、関わる人たちすべての人間関係を崩壊させてしまうことになる。

長い目で見ると私自身がそうであったように、自分の実力でオーディションを通過するのが王道であり、振り返ってみると結局は一番の近道なのだ。

あるいは圧倒的実力をつけて、出版社のほうから出版依頼される存在になることだ。

以上は出版に限らず、人生すべてにおいて共通することである。

目上の人と会っていただく際に、無断で余計な人を連れてこない。

せっかく目上の人に「今度一緒に会おう」と誘ってもらったにも関わらず、「友だちも連れて行っていいですか?」とやらかす人がいる。

これで目上の人との関係はゲームオーバーだ。

目上の人はあなたと1対1の対話をしたかったのであって、あなたの友だちと友だちになりたかったわけではないのだ。

百歩譲って友だちを連れて行ってもいいのは、「友だちも連れて来なさい」と言われた場合か、1対1で対話して目上の人とすっかり親しい間柄になってからに限られる。

通常こうしたことは誰も教えてくれないものだ。

誰も教えてくれないことはこうして本を読んで自ら気づいていくしかない。

この程度は本来常識のはずだったが、このところそれが通用しない人たちが増殖中だ。

詐欺師を見抜くコツは、言行一致度を観察すること。

毎年ものすごい数の人たちが、詐欺に遭って莫大《ばくだい》な資産を失ったというニュースが流れている。

実は私のコンサル時代にも顧問先の社長で詐欺被害に遭っている人が複数いた。

実際に私は詐欺師本人と会って話したこともある。

詐欺師を見抜くコツはとてもシンプルだ。

彼らの言行一致度を観察していればいいのだ。

詐欺師はたいてい待ち合わせの時間に遅れるし、口にしていることとやっていることに食い違いが生じることが多い。


本人に自覚がなくても二度続けて遅刻したりドタキャンしたりする人は詐欺師だ。

二度続けて言行一致しない人とは関わらないことだ。

嫌いな顔の人と一緒に仕事しない。

あなたの人生を豊かにするために例外なく使える判断基準を公開しよう。

一緒に仕事をする相手はすべて顔で選ぶことだ。

何が何でもイケメンとか美人を選べという話をしているのではない。

あくまでもあなたにとってしっくりくる顔の人とだけ仕事をするようにしようという話をしているのだ。

否、それ以上にもっと大切なことは絶対にあなたが嫌悪感を抱く相手とは仕事をしてはならないということだ。

仮にどんなにイケメンや美人でも嫌悪感を抱く相手とは、あなたは関わってはいけない。

それはあなたの本能が「この人と関わったらダメ」とアラームを鳴らしているからだ。

私は仕事相手をすべて顔で選ぶようになって以来、連戦連勝中だ。

人に好かれたければ、自慢話を引き出して最後まで聴けばいい。

他人の自慢話を聴くのが苦手な人は多い。

そういう人に限って自分の自慢話を他人に聴かせるのが好きだから手に負えない。

さてここで大切なことは、もしあなたが人に好かれたければ自慢話をする側ではなく、聴く側に徹することだ。

何を隠そう私自身は他人の自慢話を聴くのが三度の飯より好きだ。**社会人1年目から他人の自慢話を聴きまくってきたから、これまでに仕事が途切れたことは一度もないし、成功のノウハウが山のように貯まった。**

ご高齢の企業オーナーの中には、ぶっ通しで6時間以上にわたり私に自慢話をし続けたために、意識朦朧《もうろう》として倒れ込んでしまった人もいたくらいだ。

私の才能は、他人の自慢話を最後まで妥協することなく完全に聴き切ることなのだ。

相手のタブーに触れた瞬間、人間関係はご破算になる。

人間関係に終止符を打ちたければ、相手のタブーに触れればいい。
鈍い人には永遠に理解できないだろうから具体例を挙げておこう。

一般に男性は「低い」ことに対して強烈な劣等感を抱き、女性は「醜い」ことに対して強烈な劣等感を抱く傾向が強い。

だから学歴や身長や地位の低い男性に対して、「低い」という発言をすると殺人沙汰になりかねない。

女性の場合は本人の容姿や服装や職業に対して「醜い」という発言をすると酷《ひど》く傷つき、一生恨まれることになる。

人間関係を大切にしたければ、まずは相手のタブーを把握することだ。

そしてそのタブーには棺桶《かんおけ》まで絶対に触れないと決断することだ。

運の悪い人の共通点は、四流同士で運のいい人の陰口を言い続けていること。

私は一緒に仕事をする人たちから、「本当に千田さんは運の塊ですね」とよく言われる。

とりわけ女性からそう言われる傾向が強く、運だけではなく少しは実力も認めてくれとちょっとプライドが傷ついているくらいだ。

当然運が良くなるコツを根掘り葉掘り聞かれるわけだが、私はいつもこう答えている。
「運が良くなるよりも、運が悪くならないほうがずっと大切だよ」と。
どんなに運が良くなっても、運の悪い人はやっぱり永遠に運の悪いままだからである。
では運の悪い人の共通点は何か。
それは冴《さ》えない四流同士で運のいい人の陰口を言い続けていることだ。
運のいい人は決して神様ではないが、運の悪い人よりは神様にずっと近い存在だ。

つまり運のいい人の陰口を言うということは、神への冒涜《ぼうとく》以外の何ものでもないのだ。

負のスパイラルを断ち切りたければ、運の悪いグループと今すぐ絶縁する。

何をやっても上手くいかないことがある。
何をやっても次々に悪いことが襲いかかってくることがある。
その理由はハッキリしている。

運の悪い連中と関わっているから、あなたに運の悪さが感染しているのだ。

これぱかりは人のせいにしてもいい。

運の悪いグループと絶縁できないのは、ひたすらあなたの責任だ。

私もこれまで「あれ⁉ 千田琢哉にしては珍しく運が悪くなっているぞ」と感じることが何度かあった。

だけどすぐに今いるグループから抜け出すべきだと気づき、それを忠実に実行してきた。

その結果、見る見る運気を取り戻せたものだ。

正のスパイラルに突入したければ、何が何でも運のいい人にしがみついていく。

ハッキリ言っておかなければならないことがある。

人の運気の良し悪しは生まれつきかなりの部分が決まっていて、誰もが強運の持ち主になれるわけではない。

豊臣秀吉や松下幸之助といった歴史に名を残した偉人たちは、間違いなく生まれつきの強運に恵まれた選ばれし者なのだ。

巷《ちまた》の自己啓発書にあるような「運の良くなる方法」をいくら真似したところで、永遠に彼ら偉人のようにはなれない。

唯一できることと言えば、何が何でも運のいい人にしがみついていくことだ。

豊臣秀吉も松下幸之助も成功するまではとことん運のいい人にしがみついていた。

本気で運を良くしたければ、強運の持ち主のコバンザメで生きていけばいいのだ。

PART 3　Keyword

プロ以外とは、仕事しない。

PART 4

「今、ここ」で差がつく

努力の効果を最大化する超・仕事術

仕事は抱え込むものではなく、実行するもの

マーケティングとは、欲しくて仕方がない人に最短で辿り着くこと。

ビジネスの現場で当たり前のように使われている〝マーケティング〟の意味を、あなたは誰にでもわかるように説明できるだろうか。

物事を本当に理解している人は、誰にでもわかりやすくそれを説明できるものだ。

マーケティングとは、欲しくて仕方がない人に最短で辿り着くことである。

究極のマーケティングとは、セールスが必要ない状態にすることなのだ。

どうして物が売れないのかと言えば、その原因は二つしかない。

一つは誰も欲しがらないから。

もう一つは欲しい人に認知されていないから。

前者の場合はどうあがいても売れないのだから売る物を変えるしかない。

後者の場合はマーケティング次第でいくらでも稼げる可能性があるというわけだ。

セールスとは、「売ってください」と頭を下げてきた人に売ってあげること。

セールスのことを営業力だと思っている人はとても多い。
本当は要らない人にも売ってしまう押しの強さこそが、真のセールス力であると。
だがそれは間違いである。

少なくともそうした猛烈営業マンがもてはやされるのは20世紀で終焉《しゅうえん》を迎えた。

もし未だにそんなことをしている時代遅れの組織があるとすれば、誰からも尊敬されず社会的地位も低いはずだ。

セールスとは、マーケティングによって「売ってください」と頭を下げてきた人たちに確実に売ってあげることなのだ。

相手が欲しくて仕方がないわけだから、詐欺まがいの巧みな話術を磨く必要もない。

ただお客様の疑問にわかりやすく答えて、わかりやすく商品の説明をすればいいのだ。

サービスこそ、お客様にとってはすべてである。

当たり前だが、お客様はあなたの会社のマーケティングやセールスにお金を払っているわけでは断じてない。

お客様はひたすらあなたの会社のサービスに対してお金を払っているのだ。

少しでもマーケティングに関わったことがある人であれば首肯《しゅこう》するはずだが、やたらと広告宣伝費にお金をかける会社の商品は信用できない。

なぜなら広告宣伝費はとても高く、それらはすべて商品の価格に盛り込んであるからだ。価格が高いのは商品の質が高いからではなく、広告宣伝費が入っているから高いのだ。そしてそれらすべてをお客様に支払わせるという、呆れるほどにシンプルなカラクリだ。

広告宣伝は有効だが、一度認知されたらサービスを磨きリピートと紹介を増やすことだ。

広告宣伝はドーピングのようなもので、リピートと紹介のサイクルが真の実力なのだ。

自分が好きなことではなく、他人に評価されたことを磨く。

「私も千田さんのように好きなことを仕事にしたいです！」

そんなメールがよく届くようになった。

純度100％で本当に自分の好きな仕事をしたければ、独立して成功するしかない。

ただしこれには最低限の才能が求められるし、強運を掴《つか》んで活かす能力も求められる。

あなたにその力があればそうすればいいし、力のある人はすでにそうしているはずだ。

多くの人が会社勤めをしているサラリーマンであることを考えると、自分が好きなことではなく、他人に評価されたことを磨くほうが断然いい。

組織で下手の横好きのままでは迷惑がかかるし、無能なわがままは最悪の邪魔者だ。

他人に評価されたことを磨いていると、さらに多くの人々から評価される。

すると「これも悪くないな」と感じられるようになり、好きになっていくこともある。

苦手分野は、5段階評価の「2」レベルにしておく。

組織で生きる以上は最低限求められる能力のマナーがある。

たとえばいくらパソコン音痴でもメールのやり取りや資料の添付の仕方を覚える気がまるでない人は、かなり周囲に迷惑をかけていると考えていい。

情報検索にしてもインターネットの使い方がまるでわからないようでは、やはり周囲に呆《あき》れ返られても仕方がない。

パソコンに限らず、致命的な苦手分野があれば5段階評価で最低でも「2」レベルには押し上げておくことだ。

「2」レベルにしておけば最低限のリテラシーがあるわけだから、大きな迷惑はかからない。

得意分野だけやっていればいい境遇はこの先
ずっと出世してからか、
独立して成功者の一員としてカウントされる
身分になってから獲得できるのだ。

〝企画書の職人〟で終わらない。

私がコンサル時代に社内でよく見かけたのは、〝企画書職人〟だった。

企画書職人とは年中企画書ばかりをせっせと作っており、肝心な仕事の受注ができない人間のことだ。

当然売上もないから万年平社員のままだ。

それどころかよく観察していると、企画の内容をそのままパクられてお客様受けのいい後輩に出世を抜かれてしまう始末だった。

企画書を作成する能力は確かに大切だが、フィールドワークを重ねないと机上の空論で終わってしまうのはすべての仕事に共通するだろう。

いい企画書を作りたければ、よく遊び、1次情報として人間を観察しておくことだ。


ここだけの話、企画書の内容よりもプレゼンしている人の実行力を見られているのだ。

企画が通るかどうかは、普段の仕事ぶりで決まる。

これまでに私は自分で数々の企画を通してきたし、他人の企画を判定もしてきた。それらの経験を通して断言できるのは、企画書の内容よりも提案者の普段の仕事ぶりのほうが遥《はる》かに大切だということだ。

普段の仕事ぶりが30点の人が１００点満点の企画を提案してきても、「こりゃダメだ」

と思ってしまう。

それに対して普段の仕事ぶりが１００点満点の人が30点程度の企画を提案してきたら、「これは斬新だ」と思う。

そして現実に前者よりも後者のほうが圧倒的な実績を残すものだ。

普段の仕事ぶりとは、遅刻しない・口約束を守る・礼儀正しいなどが該当する。

コツコツと小さな信用の積み重ねができる人間が、信頼に値するからだ。

プレゼンの安売りをしない。

あちこちでプレゼンを連発している人がいる。

もちろん何でも場数を踏むことは大切だが、プレゼンそのものが目的になっている人が意外に多いのだ。

この種の人は自分で自分のプレゼンにうっとりしている割には、からきし受注できないのが特徴だ。

もしあなたが本気で稼ぎたければ、プレゼンがプロの基準に達した時点で安売りしないと決めることだ。

あなたのプレゼンを受けるだけでも有料という価値観を浸透させるくらいでいい。

コンサル会社では表向きは経営セミナーと称して、実質はプレゼンをしている。

お金を払ってセミナーを聴いた人が、「先生、お願いします」とさらに大金を払うのだ。

要旨とは、「テーマ」→「結論」→「理由」を100文字以内で述べること。

昔から〝エレベータープレゼン〟というのがあった。

エレベータープレゼンとは、エレベーターの待ち時間やエレベーターに乗っている間に、ごく短時間でプレゼンを終わらせることだ。

せいぜい1分以内、たいていは30秒程度だろう。

私がサラリーマン時代も上司に企画を通す際にはたいてい30秒以内で決めていた。

エレベータープレゼンにはコツがある。

ただ結論を述べるだけでもダメだし、理由が長すぎてもダメだ。

日常で新聞・雑誌・書籍のまとまった文章を読んだら要旨をまとめる訓練をするのだ。

要旨とは、「テーマ（題名）」→「結論」→「理由」を100文字以内でまとめることだ。

100文字話すとたいてい20秒前後だから、残り10秒で結論をもらえる。

企画の目的はたった一つ。決定権者を出世させること。

企画を何十回やっても何百回やっても成長しない人がいる。

あなたの周囲で40代や50代にもなって全然パッとしない人がいたら、まさにこれに該当する。

なぜなら何事も本質を押さえずに練習しても強くなれないからだ。

企画の目的はたった一つである。

その企画を通して決定権者を出世させることだ。

決定権者が通すのは世のため人のためになる企画ではなく、自分が出世する企画なのだ。

現在の私にも日々多数の企画が運ばれてくるが、それをやることで私ではなく提案者が儲かるだけの企画が大半だ。


根本が間違っている人は、永遠に幸せにはなれないのだ。

「雑用＋スピード＋美しさ」＝「企画力」

新米のうちは雑用ばかり任せられて自分を磨く時間がないと嘆いている人は多い。
それは雑用をチンタラやっているからそうなるのだ。
雑用にスピードを加えるとそれだけで立派な企画になる。
たとえばこれまでその雑用を終わらせるのに1時間かかっていたとしよう。
集中すれば55分で終わるようになるし、もっと集中すれば50分で終わるだろう。

だが30分で終わらせようとすれば集中力だけではまず無理だ。

「省く」「まとめる」「道具を使う」など知恵を絞って工夫を凝らさなければ、30分を切ることはできない。

しかも速いだけではダメで美しさも要求されるから、より知恵を絞らざるを得ない。

「雑用＋スピード＋美しさ」＝「企画力」だと考えて、日々企画力を磨くことだ。

会議は最初に挙手すると決めておく。

私が新米のうちにやっておいて良かったのは、会議で最初に挙手する習慣だ。

もちろん会議によっては多少空気を読む必要はあるが、たいていは最初に発言するのを避けたがる人が多い。

なぜなら最初に発言するとライバルに揚げ足を取られやすいからだ。

組織で生きる以上、周囲はみなライバルであり揚げ足を取られて惨敗するのは得策ではないのだ。

それなら誰もがノーマークの新米が最初に発言して突破口を開いたほうが場は和む。

最初に発言しておけば、比較対象がいないわけだから質は問われない。

その上、新米らしく多少的を外したことを言っても熱意だけはあると許してもらえる。

最初に挙手すると決めておき、当てられるまでの2秒間で考えをまとめることだ。

議事録係を1年やれば、誰でもレギュラーメンバー入りできる。

新米のうちに抜群に仕事ができるようになりたければ、奪ってでも議事録係を率先してやることだ。

議事録係を避けたがる人は本当に多いが、それは非常にもったいない限りだ。

まず、議事録係をやるとみんながくつろいでいる会議中に頭をフル回転させられる。

1回でも議事録係をやればわかるが、どんな人間でも頭が良くなるのだ。今自分たちはどこへ向かって進んでいるのかがダイレクトに理解できる。

次に、議事録係をやると人間観察力が研ぎ澄まされる。

発言者の表情や声のトーンまで感じることができるのが、その他参加者と違う点だ。将来出世する人としない人の違いも予測できるようになるから、とても参考になる。

少なくとも議事録係を1年やれば、あなたはレギュラーメンバー入りできるだろう。

会議の裏メニューを洞察する。

会議には表メニューと裏メニューがある。

表メニューは参加者全員に発表されるが、裏メニューは偉い人しか知らない。

もちろん裏メニューは偉い人しか知らないというだけで、洞察するのはあなた次第だ。

裏メニューの洞察のコツはいくつかある。

まず、裏情報通が必ず社内に一人はいるはずだから定期的にアプローチしておくことだ。

一番仲良しになると後々面倒なことになりかねないから、二番目に仲良しになっておくくらいがちょうどいい塩梅《あんばい》だ。

次に、会議で一番偉い決定権者の言行一致度のギャップを毎回よく観察しておくことだ。口で建前、行動で本音を表現するのが人間だから、慣れれば誰でも本音を洞察できる。

会議の裏メニューが洞察できるようになって、サラリーマンはようやく一人前だ。

スマホはお金を払う側。パソコンはお金を貰う側。

電車の中を見ると、猫も杓子《しゃくし》もスマホいじりをしている光景を目にするようになった。

スマホいじりがいけないわけではない。

確かにスマホは便利だが、スマホを使っている間はお金を払い続けているという事実に気づくことが大切だ。


スマホいじりをしている限り、お金を払う側で終わってしまうというだけの話だ。

一方パソコンはスマホではできないことがたくさんできる。

まずスクリーンの大きさがスマホとは断然違うし、入力もしやすく何かを創り出すのに最適なツールだ。

つまりパソコンはお金を貰う側になるための必須アイテムなのだ。


パソコンを持っていると、画面と同じく世界も広がるのだ。

「明日までに」と言われたら、今日やる。

締め切りのない仕事はこの世に存在しないが、ギリギリセーフをセーフだと思っている人は意外に多い。

ギリギリセーフは完全にアウトだ。

現実にはギリギリセーフの人は間に合ったと思っていても、仕事の依頼者は「コイツは不合格」と烙印《らくいん》を押している。

「それでは話が違うじゃないですか！」と興奮してくる人もいるだろうが、そう考えている限り永遠に四流のままだ。

仕事の依頼者は本音では誰もが「今すぐ欲しい」「早ければ早いに越したことはない」と考えており、締め切り当日になるとすでに熱意は冷めてしまっていることが多い。

「明日までに」と言われたら今日やり、

「来週までに」と言われたら今週中にやろう。

ノロマと関わらない。

少し残酷な考えだとあなたは思うかもしれないが、仕事でとても大切なことはノロマと関わらないことだ。

仕事でノロマと関わった人たちは全員ストレスが溜《た》まるし、たいてい納期が遅れるから取引先にも迷惑がかかる。

ノロマがかわいそうなのではなく、関わった人や取引先がかわいそうなのだ。

率直に申し上げてノロマは遺伝でもう治らないから、異動してもらうか転職してもらう以外に生きる道はない。

仕事の土俵を変えればノロマはノロマでなくなる可能性だってあるのだから、ノロマの今いる場所からの排除はお互いのためでもあるのだ。

もちろんあなた自身が現在ノロマであれば、潔く勝負の土俵を変えたほうがいい。

ゼロから生み出すのではなく、既存の知恵を活かす。

私はこれまでに3000人以上のエグゼクティブと対話をしてきたが、どんなに天才と評される人でもゼロから次々にビジネスを生み出していた人は一人もいなかった。

真にゼロから生み出すのは人類には不可能であり、天才経営者でもゼロに近い状態から試行錯誤を重ねながら生涯に1つか2つ何かを生み出せれば御の字なのだ。

つまり99・99％の凡人はゼロから何かを生み出そうなどといった夢を描くのではなく、既存の知恵を活かすしかないのだ。

既存の知恵を活かすと表現すると聞こえはいいが、要は先人からパクれということだ。

少し冷静に世を眺めてみると、すべてのベストセラーは先人のパクリだ。

ただ、パクるにも最低限の礼儀があって、たとえ僅《わず》かでもオリジナルを超えようとした痕跡《こんせき》を残すことだ。

一流の人の仕事ぶりを、一度じっくり観察しておく。

私がサラリーマン時代も現在の執筆でも必ずやっていることがある。

それは一流の人の仕事ぶりを、生でじっくりと観察することだ。

もちろん事前情報は完璧に仕入れていた上での話だが、生で見たことは一生の宝になる。

あなたの仕事でも必ず一流のプロがいるはずだ。

きちんと事前準備をした上で一流のプロの仕事を目の当たりにすれば、無限の気づきが得られるだろう。

まず、一流のプロは無駄な動きが少ない。
次に、一流のプロはスピードが猛烈に速い。
最後に、一流のプロは淡々と膨大な量をこなしている。

あとはあなたが自分の目と心で確認し、自分で追加してもらいたい。

超一流は、コツをひと言で述べる。

どの世界でも超一流の人がいるが、この人たちにはある特徴がある。

自分の仕事についてのコツを聞かれると、ひと言で述べることだ。

しかもインテリぶってこねくり回した表現ではなく、シンプルでストレートな表現だ。

以下私がこれまでに出逢った超一流の人たちに質問して、即答で教えてもらった一部を紹介しよう。

「コンサルのプロジェクトで一番大切なことは何ですか?」↓「内部環境分析だよ」

「M&Aの本質って何ですか?」↓「お金で時間を買うことだよ」

「緊張の原因って何ですか?」↓「準備不足と自意識過剰だよ」


本質やコツをひと言で述べるためには、いつも考えながら気づく姿勢が求められる。

いつも考えながら気づくためには、恋をして喜怒哀楽を静かに燃やし続けることだ。

PART 4　Keyword

プロはシンプルかつスピーディー。

PART 5

「今、ここ」で奮い立つ

逆境に負けない言葉

どこまでも、成長していこう

たいていの相手には努力ではなく、工夫で勝てる。

綺麗事を抜きにすると、生きるということは日々勝負するということだ。

幸い我が国では弱者救済措置が整ってきたから露骨に弱者が見下されることはないが、現実には弱者はやっぱり心の中で見下されているし、とても惨めな存在だ。

もしあなたが自分は弱者であることを認めているのなら、私からいいアドバイスがある。

たいていの相手には努力ではなく、工夫で勝てるということだ。
もちろん努力しなくてもいいというわけではない。
努力なんて誰でもするために差がつかないから、頭で勝負しろということだ。
努力に逃げるのではなく、知恵を絞れということだ。
自分の勝ちやすい土俵を見つけ、そこで徹底的に勝ち続けることだ。

もしあなたが『ウサギと亀』の亀なら、陸上競技ではなく泳ぎで勝負すればいい。

〝猫だまし〟の勝ちは、他人に譲ろう。

弱者が強者に勝つ方法の一つに、〝猫だまし〟がある。

猫だましが有効なのは、二度と会わない相手で100%勝ち逃げできる場合に限られる。

なぜなら何度も会う相手で勝ち逃げできなければ、いずれ必ず完膚《かんぷ》なきまでに叩《たた》きのめされるからだ。

だから社内などでは強者に対して絶対に猫だましで勝つべきではない。

強者の立場になればわかると思うが、弱者に猫だましで負けると殺意を抱くほど憎しみを持つからだ。

世の中には勝ってはいけない勝負もあるのだ。

これを知らずに猫だましで勝ち誇って干された人を、私は数え切れないほど知っている。

実は周囲で見ているギャラリーたちも、猫だましで勝った人を心では見下しているものだ。

自分の土俵では、常に〝横綱相撲〟を取れるように準備しておく。

強者とは、〝横綱相撲〟を取れる人間のことだ。

横綱相撲とは、強者が正攻法で戦い、圧倒的な実力差で勝つべくして勝つことだ。

あなたも自分の土俵では常に横綱相撲を取れるように準備しておくことだ。

少なくとも横綱相撲を取ることを目標として日々生きることだ。

私はサラリーマン時代も今の仕事も、いかに横綱相撲を取って勝てるのかを考え続けてきた。

少なくとも仕事においては、猫だましで勝つよりは横綱相撲で負ける道を選んだ。

横綱相撲を取れるようにするためには、遠回りを厭《いと》わないことだ。

もちろんわざと遠回りする必要はないが、真剣にやった結果遠回りするのは血肉となる。


真剣に遠回りした蓄積は、必ず将来あなたの総合力として武器になるからだ。

「強い者が勝つのではなく、勝った者が強い」は、弱者の発想。

私が嫌いな言葉に「強い者が勝つのではなく、勝った者が強い」という名言がある。

なぜこれが嫌いかと言えば、典型的な弱者の発想だからである。

これでは猫だましで勝ち逃げしようと考える弱者が増えてしまい、何ともせこい世の中になってしまうではないか。

私ならこう考える。

「強い者が勝つべきであり、弱者は負けるべきである」

世の中の圧倒的多数の弱者からは反感を買いそうだが、強者が勝って弱者が負けるのは揺るぎない自然の摂理だと思うのだ。

もちろん本書の読者には正々堂々と強者になってもらいたいからこう述べているのだ。

弱者が強者に逆転勝ちするのを見て、違和感を抱くようになればあなたも強者の仲間だ。

負けるとわかっているのなら、棄権するのも立派な戦略だ。

勝負である以上やはり勝たなければならない。

もちろん連戦連勝など誰もが成せる業ではないが、最初から負けると薄々わかっていた勝負ほどくだらないものはない。

あなたは気づかないかもしれないが、あなたが負けたという事実は棺桶《かんおけ》まで消えることなく鮮明に刻み込まれるのだ。

この負けたという事実の積み重ねこそが、あなたの価値を暴落させ続ける犯人なのだ。

「これは負ける」と自分で悟ったら、正々堂々と棄権すればいいのだ。

私もこれまでに数々の負けを経験してきたが、10代で棄権することの快感を覚えた。

これまでの自分の人生が嘘のように肩の荷が下りた。

負けそうなら堂々と棄権し、確実に勝てそうな勝負だけで確実に勝てばいいのだ。

ケガや病気は、「すべてに優先して今すぐ休みなさい」という啓示である。

ケガや病気は運の悪い証拠だと考える人がいる。

だがそれは間違いだ。

ケガや病気は運がいいからこそ襲《おそ》いかかってくることだってあるのだ。

体力の限界まで頑張っている人が、もしケガや病気にならなかったら、そのまま心臓を直撃して急逝《きゅうせい》するかもしれない。

ケガや病気というのは、「すべてに優先して今すぐ休みなさい」という啓示なのだ。

頑張り屋さんほど大きなケガや病気になりやすいのは、小さなケガや病気では休まない可能性が高いからだ。

私も入院を経験したことがあるが、それを機に運気が急上昇したものだ。

それ以来ケガや病気には注意しながらも、感謝できるようになった。

入院する最大の理由は、熟睡して免疫力を高めるため。

あなたはなぜ医者が入院を強要してくるのかご存知だろうか。
あなたを入院させて医者が荒稼ぎをしたいからではない。
ましてやあなたを入院させて集中的に様々な人体実験をしたいからでもない。
医者はあなたを熟睡させるために入院を強要してくるのだ。

そしてこれはひたすら医者が正しい。

なぜなら人は熟睡することで免疫力を一気に高めることができるからだ。

入院して体が良くなるのは点滴のおかげでもなければ薬のおかげでもない。

入院することで熟睡して免疫力をＭＡＸ状態にし、点滴や薬が最高のパフォーマンスを発揮できたからなのだ。

換言すれば、普段からすべてに優先して熟睡していれば病気にもなりにくいのだ。

その壁を突破できないのは、そもそも突破する必要がないから。

壁を突破する方法を知りたがる人は多い。
そんな気持ちもわからないではないが、こういう考え方もあると知ってもらいたい。
そもそもあなたはその壁を本当に突破する必要があるのか、と。

私自身の人生を振り返ってみると、壁にぶつかったらさっさとコースを変更したほうが幸せになったことは多い。

これは私がこれまでに出逢ってきた成功者も異口同音に主張していたことだ。

もちろん何も試さないで壁から逃げ回るのは私もダメだと思う。

だが自分なりに本を読んだり師匠にアドバイスを求めたりしたのに突破できない壁は、突破できないままで構わないのだ。

これが絶対の解答ではないが、あなたにはこんな選択肢も知っておいてもらいたかった。

いつまでも苦労し続けるのは、根本的に何かが間違っているから。

もし今苦労している最中の人がいたら、ぜひ耳を貸してもらいたい。

あなたがいつまでも苦労し続けるのは、根本的に何かが間違っているからなのだ。

根本的に何かが間違っているからこそ、神様はあなたに苦労をさせ続けて気づかせよ

うとしているのだ。

私のこれまでのコンサル経験からよく見受けられた根本的な間違いで多かったものを、以下に挙げておこう。

そもそも目指しているゴールが間違っている。

そもそも努力の内容が間違っている。

そもそも睡眠不足である。

たいていこれら3つの中に根本的な間違いが含まれているはずだ。

天才とは、自分が輝ける場所を見つけた人。

「初めに才能ありき」だと私は確信しているが、だからと言ってあなたに夢を諦めろと説得するつもりは毛頭ない。

むしろ私はぜひあなたには才能を発掘し、残りの人生をそれに捧げてもらいたいと強く願っている。

世の中には様々な競技があり、職業の数は3万以上存在するし今も増え続けている。

つまり土俵の数だけ天才が存在するということだ。

天才とは、自分が輝ける場所を見つけた人なのだ。

もし既存の土俵で自分を輝かせることができないのであれば、今から自分が輝けるよう新しい土俵を創ればいいのだ。

今の私があるのは、あちこちで負け続けてようやく自分の土俵に辿り着いたからだ。

フルオーダーメイドで自分が勝てる土俵を構築した人が、成功する。

あなたの上司があなたより仕事ができる理由を知っているだろうか。

それはあなたのようにしなければならない雑用がないから自由時間が多い上に、自分が仕事をやりやすい環境を会社から与えられているからだ。

それ以外に本質的な理由など何もないのだ。

社長が社内で一番仕事ができそうに見えるのもまさにこれと同じだ。

社長は自分が苦手なことや面倒なことはすべて部下に丸投げできるから、自分の得意なことだけをやっていればいい。

だから仕事ができるように見えるのだ。

ここだけの話、とりわけ創業社長には筋金入りの不器用人間がとても多いのだ。

換言すれば、フルオーダーメイドで自分が勝てる土俵を構築すれば誰でも成功するのだ。

何かの分野で突き抜ければ、他は誰かが手伝ってくれる。

もしあなたが何をやってもダメな筋金入りの不器用人間であれば、無理に器用な人間を目指さないほうがいい。

私自身が筋金入りの不器用人間だからわかるのだが、やることなすことすべてが裏目に出てしまい、いつまでも劣等生のままだ。

それくらいなら周囲に不器用人間と認知させておきながら、何かとっておきの必殺技を磨いて他は誰かに手伝ってもらえばいい。

断言してもいいが、何をやってもダメな人間はどこかに必ずダイヤモンド級の得意技が潜んでいるものだ。

あなたはダイヤモンド級の得意技を
天から授かったために、
他の人たちができる多くの才能を
お預けにされただけなのだ。

孤独は、神様からのプレゼントだ。

友だちが少ないと悩んでいる人はとても多い。
だが友だちが少ないのは悩むことではなく、喜ばしいことだ。
なぜなら天才には友だちが少ないと昔から決まっているからだ。
少なくとも心の友は天才には数えるほどしかいない。
孤独は、神様から与えられたプレゼントなのだ。

どうして神様は天才に孤独をプレゼントしたかと言えば、圧倒的な時間を与えるためである。

天才にはその他凡人よりも圧倒的な時間を与えることで才能を開花させて、その才能を磨き続けることができるように仕組まれているのだ。

心配しなくても天才である事実を受容して才能を開花させれば、必ず親友が現れる。

裏切られる経験をして、初めて人生は次のステージに進める。

信頼していた親友や恋人に裏切られたと落ち込んでいる人は多い。

落ち込む気持ちは痛いほどよくわかるが、泣くだけ泣いたらぜひ思い出してもらいたいことがある。

裏切られる経験をして、初めて人生は次のステージに進めるのだということを。

裏切ってくれた人は悪人ではなく、役割を果たしてくれただけなのだ。

あなたを裏切ることによって、あなたを次のステージに進ませる使者だったのだ。

これは小説を読む習慣のある人なら、きっと思い当たる節はあるだろう。

小説の主人公が人生のステージをアップさせるためには、必ず別れと出逢いがセットになってくる。

別れをいつまでも悔やむのではなく、「今までありがとう」と感謝することが大切だ。

陰口を言われ始めたら、あなたは成功しかけている証拠。

陰口を言われたからと落ち込んでいる。

陰口を言われるのは、あなたが成功しかけているからだ。

なぜなら陰口のベクトルは常に下から上に向かっているからだ。

古今東西問わず下流の人たちはいつも上流の人たちの陰口を言うのが生き甲斐《がい》であり、

それが日課になっている。

もしあなたが下流の人生を歩みたければ、下流同士で陰口を言い合っていればいい。

そうではなくあなたが上流の人生を歩みたければ、下流から陰口を言われるのは税金のようなものだと誇りを持つことだ。

お金持ちがたくさん税金を払うように、
エリートならエリート税を、
美人なら美人税を払うべきであり、
その税金の代わりが
それらを獲得できなかった人々の陰口なのだ。

いじめに遭ったら、今いる場所を捨てるベストタイミングだ。

学校や会社でいじめに遭って悩んでいる人は多い。

子どもも大人もいじめで本当に大変だとは思うが、いじめというのはなくならない。

なぜならいじめは自然の摂理だからである。

「いじめはいけません！」と興奮して声を張り上げている人がまさに危険で、無意識に誰かをいじめている可能性が高い。

もちろん開き直っていじめを放置するのはいけないが、ゼロにすることはできないのだ。

どんなに厳しく取り締まってもこの世から犯罪がなくならないのと同じだ。

いじめに遭ったら、今いる場所を捨てるベストタイミングだと発想を切り替えることだ。


いじめに遭ったらあちこちの機関に被害をチクりまくった上で、堂々と不登校や転職を決め込んで人生を満喫すればいいのだ。

理不尽な仕打ちを受けたら、最初の1回は徹底抗戦しろ。

もし学校や会社で理不尽な仕打ちを受けたら、あなたはどうするだろうか。

街で通りすがりのチンピラと喧嘩《けんか》をするのはバカバカしいが、毎日顔を合わせる相手になめられてはいけない。

毎日顔を合わせる相手になめられると、そこからあなたはいじめられることになる。

大切なことは最初の1回だけは徹底抗戦することだ。

永遠に徹底抗戦しなければならないと気負う必要はまったくないのだ。

負けてもいいから徹底抗戦しておけば、相手は絶対になめてこなくなる。

もちろんそれを機にあなたは相手から嫌われるかもしれない。

だが同じ組織で生きるには人に好かれるよりも、人に一目置かれるほうが遥《はる》かに大切だ。

とりあえずあちこちにチクりまくるのは、立派な徹底抗戦の一つだと言っておこう。

今の逆境は、あなたが成功したら武勇伝に変わる。

人生で逆境を経験したことがない人は一人もいないだろう。
これは人類すべてに共通するはずだ。

つまりあなただけが逆境を経験するのではなく、１００％の確率で訪れる死と同じように人は誰でも逆境を経験するのだ。

もし今が人生のどん底だと思っている人がいても、組織内では自分が一番不幸なのか、都道府県内では本当に自分が一番不幸なのか、国内では本当に自分が一番不幸なのか、世界では本当に自分が一番不幸なのか……と想像してみると一番不幸ではないはずだ。もっと不幸でも笑顔で幸せそうに生きている人は世界中にいくらでもいるはずだ。それにあなたの今の逆境は、あなたが将来成功したら武勇伝に変わる。

人の過去は未来でいくらでも明るく書き換えることができるのだ。

私がサラリーマンを経験したのは、すべてネタ集めのためのためだった。

私自身のことを少し告白しておこう。

私は大学時代に将来は本を書いて生きていくと決めていた。

そのためには机上の空論だけではダメで、１次情報としてネタを集める必要があった。

サラリーマンを経験したのはひたすら将来本を書くためだったのだ。

否、正確には死ぬまでずっと本を書き続けるためだった。

本を書き続けるためにはできるだけ生々しく、「あるある」と感じてもらえそうな話が求められることを先輩著者たちの本から散々教わっていた。

できる限りすべての迷路を塗り潰すように猛スピードで、ただし、丁寧に生きてきた。

どんなに辛いことがあっても、どんなにカチン！とくることがあっても笑っていられた。

なぜなら辛いことやカチン！とくることこそが、最高の本のネタになるからだ。

PART 5　Keyword

本物の出逢いがほしいなら、
あなたがダイヤモンドになればいい。

この本を手にしてくれたキミへ

いい出逢いがないと嘆いている人は多い。

昔から人脈について賢人たちは様々な叡智《えいち》を遺してくれた。

それらを帰納的に集約すると以下のようになる。

「つまらないヤツと群れるくらいなら、

迷わず独りぼっちを選べ」

換言すれば、ダイヤモンドの出逢いが巡ってくるまでは

孤独に勉強しろということだ。

孤独に勉強に没頭していると、
次第に自分がダイヤモンドに近づいていく。

ダイヤモンドはダイヤモンド同士で引き寄せ合う。
砂利は砂利同士で引き寄せ合う。

ただ、ダイヤモンドコースか砂利コースのどちらを選ぶかは、
あなたが決められる。

あなたと出逢えて、本当に良かった。

2017年4月吉日　南青山の書斎から

千田琢哉

千田琢哉著作リスト（2017年5月現在）

❯アイバス出版
『一生トップで駆け抜けつづけるために20代で身につけたい勉強の技法』

『一生イノベーションを起こしつづけるビジネスパーソンになるために20代で身につけたい読書の技法』

『1日に10冊の本を読み3日で1冊の本を書く ボクのインプット＆アウトプット法』

『お金の9割は意欲とセンスだ』

❯あさ出版
『この悲惨な世の中でくじけないために20代で大切にしたい80のこと』

『30代で逆転する人、失速する人』

『君にはもうそんなことをしている時間は残されていない』

『あの人と一緒にいられる時間はもうそんなに長くない』

『印税で1億円稼ぐ』

『年収1,000万円に届く人、届かない人、超える人』

『いつだってマンガが人生の教科書だった』

❯朝日新聞出版
『仕事の答えは、すべて「童話」が教えてくれる。』

❯海竜社
『本音でシンプルに生きる！』

『誰よりもたくさん挑み、誰よりもたくさん負けろ！』

『一流の人生 ― 人間性は仕事で磨け！』

❯学研プラス
『たった2分で凹みから立ち直る本』

『たった2分で、決断できる。』

『たった2分で、やる気を上げる本。』

『たった2分で、道は開ける。』

『たった2分で、自分を変える本。』

『たった2分で、自分を磨く。』

『たった2分で、夢を叶える本。』

『たった2分で、怒りを乗り越える本。』

『たった2分で、自信を手に入れる本。』

『私たちの人生の目的は終わりなき成長である』

『たった2分で、勇気を取り戻す本。』

『今日が、人生最後の日だったら。』

『たった2分で、自分を超える本。』

『現状を破壊するには、「ぬるま湯」を飛び出さなければならない。』

『人生の勝負は、朝で決まる。』

『集中力を磨くと、人生に何が起こるのか？』

『大切なことは、「好き嫌い」で決めろ！』

『20代で身につけるべき「本当の教養」を教えよう。』

『残業ゼロで年収を上げたければ、まず「住むところ」を変えろ！』

❯ KADOKAWA
『君の眠れる才能を呼び覚ます50の習慣』

『戦う君と読む33の言葉』

❯かんき出版
『死ぬまで仕事に困らないために20代で出逢っておきたい100の言葉』

『人生を最高に楽しむために20代で使ってはいけない100の言葉』

DVD『20代につけておかなければいけない力』

『20代で群れから抜け出すために顰蹙を買っても口にしておきたい100の言葉』

『20代の心構えが奇跡を生む【CD付き】』

❯きこ書房
『20代で伸びる人、沈む人』

『伸びる30代は、20代の頃より叱られる』

『仕事で悩んでいるあなたへ 経営コンサルタントから50の回答』

❯技術評論社
『顧客が倍増する魔法のハガキ術』

❯ KKベストセラーズ
『20代　仕事に躓いた時に読む本』

『チャンスを掴める人はここが違う』

❯廣済堂出版
『はじめて部下ができたときに読む本』

『「今」を変えるためにできること』

『「特別な人」と出逢うために』

『「不自由」からの脱出』

『もし君が、そのことについて悩んでいるのなら』

『その「ひと言」は、言ってはいけない』

『稼ぐ男の身のまわり』

『「振り回されない」ための 60 の方法』

『お金の法則』

❯実務教育出版
『ヒツジで終わる習慣、ライオンに変わる決断』

❯秀和システム
『将来の希望ゼロでもチカラがみなぎってくる 63 の気づき』

❯新日本保険新聞社
『勝つ保険代理店は、ここが違う！』

❯すばる舎
『今から、ふたりで「5 年後のキミ」について話をしよう。』

『「どうせ変われない」とあなたが思うのは、「ありのままの自分」を受け容れたくないからだ』

❯星海社
『「やめること」からはじめなさい』

『「あたりまえ」からはじめなさい』

『「デキるふり」からはじめなさい』

❯青春出版社
『どこでも生きていける 100 年つづく仕事の習慣』

『「今いる場所」で最高の成果が上げられる 100 の言葉』

❯総合法令出版
『20 代のうちに知っておきたい お金のルール 38』

『筋トレをする人は、なぜ、仕事で結果を出せるのか？』

『お金を稼ぐ人は、なぜ、筋トレをしているのか？』

『さあ、最高の旅に出かけよう』

『超一流は、なぜ、デスクがキレイなのか？』

『超一流は、なぜ、食事にこだわるのか？』

『超一流の謝り方』

『自分を変える 睡眠のルール』

『ムダの片づけ方』

『どんな問題も解決する すごい質問』

❯ソフトバンク クリエイティブ
『人生でいちばん差がつく 20 代に気づいておきたいたった 1 つのこと』

『本物の自信を手に入れるシンプルな生き方を教えよう。』

❯ダイヤモンド社
『出世の教科書』

❯大和書房
『20 代のうちに会っておくべき 35 人のひと』

『30 代で頭角を現す 69 の習慣』

『孤独になれば、道は拓ける。』

『人生を変える時間術』

『やめた人から成功する。』

❯宝島社
『死ぬまで悔いのない生き方をする 45 の言葉』

【共著】『20 代でやっておきたい 50 の習慣』

『結局、仕事は気くばり』

『仕事がつらい時 元気になれる 100 の言葉』

『本を読んだ人だけがどんな時代も生き抜くことができる』

『本を読んだ人だけがどんな時代も稼ぐことができる』

『1 秒で差がつく仕事の心得』

『仕事で「もうダメだ！」と思ったら最後に読む本』

❯ディスカヴァー・トゥエンティワン
『転職 1 年目の仕事術』

❯徳間書店
『一度、手に入れたら一生モノの幸運をつかむ 50 の習慣』

『想いがかなう、話し方』

『君は、奇跡を起こす準備ができているか。』

『非常識な休日が、人生を決める。』

❯永岡書店
『就活で君を光らせる 84 の言葉』

❯ナナ・コーポレート・コミュニケーション
『15 歳からはじめる成功哲学』

❯日本実業出版社
『「あなたから保険に入りたい」とお客様が殺到する保険代理店』

『社長！この「直言」が聴けますか？』

『こんなコンサルタントが会社をダメにする！』

『20 代の勉強力で人生の伸びしろは決まる』

『人生で大切なことは、すべて「書店」で買える。』

『ギリギリまで動けない君の背中を押す言葉』

『あなたが落ちぶれたとき手を差しのべてくれる人は、友人ではない。』

❯日本文芸社
『何となく 20 代を過ごしてしまった人が 30 代で変わるための 100 の言葉』

❯ぱる出版
『学校で教わらなかった 20 代の辞書』

『教科書に載っていなかった 20 代の哲学』

『30 代から輝きたい人が、20 代で身につけておきたい「大人の流儀」』

『不器用でも愛される「自分ブランド」を磨く 50 の言葉』

『人生って、それに早く気づいた者勝ちなんだ！』

『挫折を乗り越えた人だけが口癖にする言葉』

『常識を破る勇気が道をひらく』

『読書をお金に換える技術』

『人生って、早く夢中になった者勝ちなんだ！』

『人生を愉快にする！超・ロジカル思考』

『こんな大人になりたい！』

『器の大きい人は、人の見ていない時に真価を発揮する。』

❯ＰＨＰ研究所
『「その他大勢のダメ社員」にならないために 20 代で知っておきたい 100 の言葉』

『もう一度会いたくなる人の仕事術』

『好きなことだけして生きていけ』

『お金と人を引き寄せる 50 の法則』

『人と比べないで生きていけ』

『たった 1 人との出逢いで人生が変わる人、10000 人と出逢っても何も起きない人』

『友だちをつくるな』

『バカなのにできるやつ、賢いのにできないやつ』

『持たないヤツほど、成功する！』

『その他大勢から抜け出し、超一流になるために知っておくべきこと』

『図解「好きなこと」で夢をかなえる』

『仕事力をグーンと伸ばす 20 代の教科書』

『君のスキルは、お金になる』

❯藤田聖人
『学校は負けに行く場所。』

『偏差値 30 からの企画塾』

❯マネジメント社
『継続的に売れるセールスパーソンの行動特性 88』

『存続社長と潰す社長』

『尊敬される保険代理店』

❯三笠書房
『「大学時代」自分のために絶対やっておきたいこと』

『人は、恋愛でこそ磨かれる』

『仕事は好かれた分だけ、お金になる。』

『1 万人との対話でわかった 人生が変わる 100 の口ぐせ』

『30 歳になるまでに、「いい人」をやめなさい！』

❯リベラル社
『人生の 9 割は出逢いで決まる』

『「すぐやる」力で差をつけろ』

Senda Takuya
千田琢哉

文筆家。
愛知県犬山市生まれ、岐阜県各務原市育ち。
東北大学教育学部教育学科卒。日系損害保険会社本部、
大手経営コンサルティング会社勤務を経て独立。
コンサルティング会社では多くの業種業界における
大型プロジェクトのリーダーとして戦略策定から
その実行支援に至るまで陣頭指揮を執る。
のべ3,300人のエグゼクティブと10,000人を超える
ビジネスパーソンたちとの対話によって得た事実と
そこで培った知恵を活かし、
“タブーへの挑戦で、次代を創る”
を自らのミッションとして執筆活動を行っている。
著書は本書で141冊目。

ホームページ：http://www.senda-takuya.com/

fin.

「今《いま》いる場所《ばしょ》」で最高《さいこう》の成果《せいか》が上《あ》げられる100の言葉《ことば》

2017年5月5日　第1刷

著　者　千《せん》田《だ》琢《たく》哉《や》

発行者　小澤源太郎

責任編集　株式会社 プライム涌光
電話　編集部　03(3203)2850

発行所　株式会社 青春出版社
東京都新宿区若松町12番1号 〒162-0056
振替番号　00190-7-98602
電話　営業部　03(3207)1916

印　刷　中央精版印刷　　製　本　大口製本

万一、落丁、乱丁がありました節は、お取りかえします。
ISBN978-4-413-23040-7 C0030